JN439648

추억 하나 그리다

정현숙 시집

계간문예

추억 하나 그리다

| 시인의 말 |

내가 살았던 세상, 내가 살고 있는 세상과
내 심상을 접목해 보았다.

한 줄의 시가
한 줄의 문장이
누군가의 가슴에 색인이 된다면
더 이상의 기쁨이 없을 것이다.

여기까지 글의 길잡이가 되어주신 홍금자 선생님
그리고 부족한 글 해설을 맡아주신 허형만 교수님께
깊은 감사의 말씀을 올립니다.
그동안 함께 했던 동인들과 시의 발걸음마다 박수를 보내준
사랑하는 가족들에게도 고마운 마음을 전합니다.

2024년 6월
정 현 숙

| 축하의 말 |

시 쓰기는 많은 언어와 사귀는 일

시 쓰기는 많은 언어와 사귀는 일이다.
정현숙 시인은 문단에 등단한 후 끊임없는
시 쓰기로 이제 막 첫 시집을 묶었다.
그녀는 이 한 권의 시집을 엮기 위해
부단한 노력과 시와의 사귐이 있었다.

"바람이 불지 않을 때 바람개비를 돌리는 방법은
앞으로 달려 나가는 것이다"라는 말을 남긴 데일 카네기처럼,
정현숙 시인은 쉼 없이 시를 향해 달려왔다.
허기진 시의 창문을 열어 시를 불러들이고
시와 함께 노래한 정 시인의 노고에 격려의 마음을 전한다.

앞으로 더 좋은 작품들, 2집 3집… 계속 출간되어
독자와의 아름다운 소통과 사귐이 이뤄지기를 바란다.
다시 첫 시집 상재에 박수를 보낸다.

2024년 이른 여름
홍금자 시인 (사)한국시인협회 상임위원

| 차례 |

제2부 추억 하나 그리다

제3부 삶의 페달을 밟다

제4부 길 위에 서서

제1부

채우기 위해 비우다

봄, 거기

샛강 근처 지천으로 핀 봄꽃들
물속에선 물고기들이 파닥이고
막 발걸음을 시작한
아가의 뒤뚱대는
길 따라 나선다

봄의 뼈 마디마디가
실해지고 있다

냉이 쑥부쟁이 씀바귀
봄을 품는 향연
겨우내 켜켜이 쌓인 상념
푸른 물로 씻어
새살 돋는 계절

봄, 거기

사월의 나무들

혈맥을 타고 흐르는 소리
가지마다 꽃잎 물고
순하게 눈 뜨는
여의도 벚꽃 나무들

여기
침묵의 시간 지나
사월이 되면
꽃들은 입술을 열기 시작한다

윤슬로 찰랑이는 강물들도
덩달아 목까지 차올라오는
숨을 가쁘게 쉬며
물 위에 떨어지는 꽃잎들
순하게 받는다

성질 급한
꽃샘바람의 분탕질
밤사이 꽃잎은 스스로
낙화하면서 자신을 놓는다

그렇지
세상은 그렇게 소멸되고
또 잉태 되는 것

숨바꼭질하는 아이처럼
사월의 나무들은
창백한 얼굴로
다시 몸 푸는 주문을 외운다

어머니 · 1

— 어머니의 성경

수십 년 손때 묻은
어머니의 성경
오늘도 여전히
새벽을 여신다

골진 마디마디
손끝으로
목숨 같은
말씀을 받는다

매일 말씀이 호흡이듯
새벽마다 눈 떠
살아있는 기쁨
성경과 함께 한
긴 세월의 흔적

이제는
살붙이 이름조차 잊었지만

되풀이되는 기억 속 언어들
오직 하나님 말씀

마른 장작개비가 된 육신
하지만 하나님 말씀은
영원히 늙지 않는다

푸른 약속으로 무늬 진
날마다 새로운 천국

어머니의 성경은
사랑하는 어머니의 심장이다

어머니 · 2

— 어머니 봄이어요

집 안 한 귀퉁이
닳아진 걸상 하나

어머니의 관절이
삐그덕 소리를 내며
걸터앉는다

밖은 꽃들의 아우성
기력 다한 육신 위에
툭,
꽃송이 하나 얹힌다

"어머니 봄이어요"
"봄이 왔어요"

연골 닳은 무릎 위
꽃잎 마구 덮이지만
일어설 줄 모르는

굽은 뼈마디에
닳고 닳은 내 마음

그래도
봄은 왔다

어머니 봄이어요

어머니 · 3

— 어머니의 하얀 고무신

어린 시절
어머니는 연분홍빛
진달래꽃이었다
하얀 피부에 붉은 볼
꽃처럼 고우셨다

봄이 오면 산허리에
불 타 오르던
진달래꽃이었다
활활 타는 봄 동산
어머니는 참꽃 따다
화전과 화채로 물들이셨다

고단한 삶 속에서도
늘 자식들 입성 먹성
끼니마다 잰 걸음으로
묵묵히 견디시던 어머니

두견새 울던 밤
하늘에 별 하나 돋았다

툇마루 하얀 고무신
달빛 받으며
거기, 가지런히 놓여
아무 말이 없다

채우기 위해 비우다

시린 몸 부비며
살 맞댄 나무들의
거친 살결 사이로
노란 산수유 몸살인 채
봄이 왔다

허기진 나무들
봄물을 마신다

어린 시절
화려한 꿈
놓지 못하듯
아직은 이른 마른 잎
오후 두 시의
봄볕 기다린다

그렇다
채우기 위해
비워야 한다는 진리

아직 더 기다림이
남아있는 시간

탄생과 소멸
태양을 향한
목이 긴
생명의 시간

참으로
모순 같은 무언의 말씀

아버지의 무게

간밤에 내린
꽃잎들이
아침 마당에
성찬처럼 쌓였다

햇볕 저리 넘치는데
늘그막의 어깨를
짓누르던 가장의 무게
더 젊어져야 할
목숨의 중량

벽에 걸린 여섯 식구의
사진이 웃고 있다

피붙이들의 입성 먹성을
십자가처럼 짊어지셨던
등 굽은 아버지

삶의 고삐 앞장 서

철없는 자식들 도닥이던
목에 건 십자가

오늘
당신을 그리며
꽃잎 내린 이 아침
서 있습니다

청보리밭

푸른 바다
청 보리밭
지나는 사람들의 체온이
그리운 보리밭
밟히는 아픔조차 기쁨

푸름이 만삭이 된 들판은
팽팽히 솟아오르고
곁에서 덤으로 자란
잡초들 역시 시퍼런
바다로 출렁인다

그 옛날부터
우리 민족의
배고픈 삶의 질곡
고스란히 긴 세월
양식이 되었다

이젠 아무 곳에서나
볼 수 없는

귀한 청 보리밭
생명의 진한 향기로

그늘졌던 하루를
깜부기 먹던
까만 입술의
어릴 적 추억으로
순하게
흙의 표정을 읽는다

어느 노인의 낡은 자전거

등 굽어 가는
삶의 정수리
가득 실은 목숨의 무게
폐지가 흔들린다

어둠 속 고통으로 점철된
한 생의 깊은 계곡
느린 페달을 밟는다

아직도 수많은 산과 강을
건너야 만나는
생의 한 자락 희망봉

어느 노인의 서러운 삶
피붙이들과의 오래된
아픔의 간극을 본다

길 위의 낡은 자전거
일 년에 딱 한 번
노란빛 옷 입는
삼월의 산수유 곁에 놓였다

거기 내 고향

어머니가 기다리던 고향집
키 낮은 지붕이 이마 맞댄 채
쏟아지는 봄볕에 졸고 있네
산수유 진달래 앞 다투어
서로 꽃망울 맘껏 터트리면
온 산 붉게 물들어 타 오르네
같이 뛰놀던 옛 친구들 모습
아련한 추억 속 그림 되었네
오래전 떠나온 고향의 품
오늘은 조용히 봄비 내리네
새삼스레 슬픔처럼 스며드는
마음 속 새겨진 보고픔이여

— 2023년 신작가곡 | 가곡 시

삶의 종착역

백수를 앞두고
베 한 필의 옷
한 줌의 백골로
떠난 어머니
같은 키의
사람들이 모여 사는
작은 마을로
방 한 칸 얻어
이사 가셨다

유리 대문 앞
화려한 꽃바구니
살아생전 이름
그대로 걸어놓고
피붙이들 기다리는
목이 긴 어머니

밖은 막바지 가을바람에
살을 에는 듯 날카롭다
산 자만이 느낄 수 있는
계절의 절대감각

이제 떠난 이와 만나는
추억 속 해후
눈빛조차 자꾸 희미해지는
먼 먼 그리움

둥지

하늘 닿을 듯
높이 솟은
메타세콰이어의 정수리
한 목숨 올려놓았다

살아남기 위한
삶의 터
하루 종일

굶주림에 허덕이는
어린 생명들
목을 빼고 어미를 기다리며
배고픔을 견딘다

분주한 어미 새
수없이 창공을 가르며
먹이를 찾는다

드디어 어미 새
목소리 높고
둥지 속 어린 것들
먹이를 기다리던
긴 하루의 행복

이것이 삶이다

시린 삶

새벽하늘
창밖에 까치가
잠을 깨운다

마른 나무 속
혈맥을 타고 흐르는
봄기운

아! 봄이다

개나리, 진달래 산꽃들은
고운 빛 단장하고
아직 바람은 차다

겨우 눈 뜬 여린 싹
살갗 에는 아픔
가슴 시리다

세상의 봄 역시
몇 겹의 고비를
넘어야 순하게
오는 것일까

봄빛 따사한
오후의 정원에서
곰곰 생각해 본다

해바라기

눈부신 태양을 향해
호올로 서서
망부석이 되었다

손 닿을 수 없는
먼 그리움으로
까맣게 박힌
잉태의 시간들
오직 사랑의 간절함
거기 서 있을 뿐

닿을 듯 닿을 수 없는 사랑
한 곳을 향해 고개 든
눈 먼 사랑
붉은 노을에 젖는다

가곡 교실의 풍경

밖은 눈송이 한창이다

바람 지나가는
골목마다 소복이
쌓이는 눈 위로
우리의 가곡이
곱게 얹힌다

시 한 줄 한 줄
제 몸에 녹여내는
우리의 가락

저마다의 뼈마디에
깊이를 잴 수 없는
저 순백의 감성들

가곡 교실 안은
온통 노래의 절정이다

어둠 끝에서 달빛으로 물든다

장롱 깊은 자리
빛바랜 옷 한 벌
수년 째 깨어날 줄 모른다
가장 화려했던 시절
그 옷은 내 생의 절정을
오르던 달콤한 의상

아련한 긴 세월
푸른 꿈 잊은 채
한 번도 가보지 못한 땅
찬바람에 흔들리고
시퍼런 강물의 굉음
늘 내 곁에서 요란했다

언제쯤 먼동이 틀까
길섶마다 켜켜이
어둠의 궤도를 도는 영혼의 눈
오늘밤 어둠 끝에서 서서히
달빛으로 물들어 간다

원두막

풀밭에 달그림자
달빛은 파아란 밤을 비춘다

고즈넉한 밤
풀벌레 소리도
깊은 수면에 취해
적막만 맴돈다

원두막에 걸터앉아
빨갛게 익은 상념들
밤 깊어갈수록
어린 시간들은
처절하도록
아름다움을 더해갔지

내 기억 속
농익은 그리움

제2부

추억 하나 그리다

가을

가을빛에 씻긴
하늘 정원
바다의 유리를
씌워놓은 듯 맑다

노란 은행나무
열매 떨어지는 소리
가을을 줍는다

지난여름
폭염과 폭우로
아린 상처
그 허함을 채워주는 넉넉함

가을을 안고 커피 한 잔
테이블 위에 놓으며
먼 추억 하나 그리다

어둠 그리고 빛

자명종
새벽 다섯 시
어둠을 밝히는
아침의 경계선
경건의 시간을 밟는다

조용히 현관을 나서며
이미 가슴 속 적시는
은혜의 충만 안는다

자욱했던 시름
광풍으로 몰아치던 슬픔
주님의 가슴 사이에
흐르는 저 은밀한 목소리
영혼을 맑힌다

어둠과 빛 사이에서

요양원의 하루

새장 속에 갇힌 한 마리 새
진종일 누워 꿈속을 헤맨다
피붙이 잊고 산지 오래다
낯이 설다

적막을 깨우는 아침
요양사들의 분주한 발걸음
잊지 않고 올해도
봄날이 왔다고
창문을 기웃댄다

그저 허공 속 그림자만
남아있는 적막의 시간들
수많은 삶의 응어리
기억나지 않아 행복하다

우리들의 길
요양원의 하루를 짚어본다

봄

생명 있는 것들의
맥박이 빨라지는 계절

겨우내 언 땅에
뿌리를 둔
고목 한 그루
혈맥을 잡고
온갖 힘 모아
꽃봉오리 물고 일어선다

낡은 의자 위에 앉아
그대로 봄을 받는다

쇠한 몸
깊은 신음에서 붙잡은
어머니의 꽃향기
먼 그리움으로 안는다

삶의 지평

저마다의 고독이
뿌리내려 한 계절을
다시 만난다

곳곳에 숨겨놓은 보물창고
모두들 제각기 생명을
보존하기 바쁘다

겨울나기 한창인
청설모, 다람쥐
부지런히 곳간을 채운다

동물의 삶은
우리의 삶이다

앞으로 이겨 나가야할 목숨들
오늘 난 무엇으로
곳간 하나 채워야 할까

판도라의 비밀

무덤 같은 어둠 속
은둔의 생활 벗어나
세상을 바라본다

수없이 스쳐간 귓속말
밤새 내린 눈처럼
조용히 덮인다

낮은 곳에서 일생을
그림자로 살아온 날들
운명처럼 받는다

비밀의 판도라
쏟지 않는 말
너의 침묵이 오히려
아픔 되어
비밀 속 비밀을 만든다

의사는 병원에만 있는 게 아니다

내리쬐는 폭염
가마솥처럼 끓는다

생존의 열쇠
봄볕에 늘어져
잠자는 고양이처럼
우주의 속도에 맞춰
숨을 들락거린다

오랫동안 앓아온
위장을 깨우는 시간
의사는 병원에만 있는 게 아니다
저 자연의 경이로움
그리고 눈부심을 보라

빈 둥지

대나무 숲에
섬 하나 옮겨 놓았다

사철 곧은 신념으로
마디마디 생명의 싹을 틔운다

겨울밤
서로의 온기를 채워가며
아랫목을 기웃대던
맨발의 아이들

칠 남매 중
둘을 가슴에 묻은
어머니의 눈물
흐르는 내가 되었다

거친 비바람에도
살붙이들의 안부가
궁금하셨던
어머니는 끝내

오 남매의 손을 놓으셨다

이젠 빈 둥지
어머니가 계신 거기
대나무처럼 살라던
어머니의 음성 귓전에 울린다

스승과 제자의 발자취

바람이 분다
꽃잎은 길가에 쓰러져 눕는다

스승과 팔짱 끼고
융단을 밟듯 꽃길 걷는다

윤중로 벚꽃과 어울려
조팝꽃이 군락 이뤄
교태를 부린다

나는 연신 셔터 눌러
꽃들의 이름을 부른다

스승과의 추억 하나
가슴에 심어 놓았다
꽃잎 위에 찍은
스승과 제자의 발자취

여의도 샛강

여의도 샛강
작은 섬을 감고
숲을 이루었다
솟구쳐 오른 빌딩마다
현란한 불빛 그 사이사이
어둠에 젖은 아픔이 존재한다

메마른 삶 거기
잠 못 이루는
목마른 사람들의 설움
먹구름 속에서
맑은 물로 흐르는
냇가의 물소리

여의도 샛강 숲을 키우며
서로의 어깨 기댄다
가녀린 꽃들도
한 생의 정점을 위해
꿈꾸고 있다

길상사

도심 속 도량의 아득함
금방 이슬에 씻고 나온
그 소리 듣고
투명한 나뭇잎들
절간을 돌아 흐르는
정갈한 물소리
자라는 연둣빛 나무들

삭막한 공간을 벗어나
안식처를 찾는 무수한 발걸음
법당 앞에 엎드려 참회로
마음의 쉼을 얻는다

그 옆 법정스님의 거처
평생 무소유로 사신 발자취 암자
행여나 우리 고된 욕심의
발걸음이 더럽혀지지 않을까

조심 또 조심

추억 하나 그리다

유럽풍 아일랜드
섬 하나 옮겨놨다
보랏빛 라벤더 짙은
허브향에 취한 듯 어지럽다

국내 허브 박물관
250여 종의 허브와 열대 식물들
각색의 꽃들이 하늘거린다

눈부시게 해맑은
아이들의 웃음소리에 섞여
덩달아 꽃들도 웃는다

밤엔 하늘에 별빛과
어우러진 현란한 불빛
환상의 나라
신께서 주신
이생의 무지갯빛 환희
여기서 만난다

어둠이 올 때까지

어둠이 올 때까지
수평선 지는 해 놓고 싶지 않아
오랜 시간 바닷가를 서성였다

숨 가쁘게 철썩이는
파도소리는 멈추지 않았다

생의 지나는 시간이 쉬지 않듯
인생은 그렇게 저물어간다

돌아오는 길에
아직 남아있는 '희망'이란 말
주머니에서 만지작거려본다

확독에 담겨진 물처럼

밤새 내리는 빗물
확독이 받아낸다
넘쳐 버려지는 물
어디로 흐를까

세상에 버려지는
말, 말들
모두 어디로 갈까

내가 버린 말들
넘쳐나는데
서로에게 상처의
웅덩이를 만들진 않을까

확독에 담겨진
요긴한 물처럼
충만된 언어의
항아리 닮고 싶다

오월의 정원에서

대낮에 햇살 사이로
반짝이는 푸른 잎들
붉은 빛으로 피어낸 장미꽃
가시로 몸을 감싼다

서로의 이마를 맞대고 자란
제비꽃, 바이올렛 뿔 팬지, 모란
저마다의 존재감을 나타내고
작은 연못가 수선화 금붕어들을 어른다

저물어 가는 인생
단단한 껍질 깨고
깊은 물속에서 건져 올린
한 모금 목마름

오월의 정원이 채운다

관악산에서

관악산 숲길
진록의 잎들이 무겁게 달려 있다
한동안 코로나로 수척해진 몸
햇살에 눈이 시리다

쉼 없이 흘러내리는 땀방울
내 몸에 켜켜이 쌓인
세상살이의 힘듦
산과 서로의 얼굴을 만지며
어느덧 나는 그 숨소리를 듣는다

계곡을 타고 내리는 투명한 물소리
새들의 날갯짓을 부추겨
생을 저울질한다

자연이 준 맑은 공기
관악산에서 나의 폐를 정화시킨다

아카시꽃

사월의 아카시꽃 그 달콤함에 취한 듯
벌들의 춤사위
가지마다 거꾸로 매달린 꽃숭어리
앳된 처녀처럼 청순하다
6.25 전쟁 후 황폐화된 벌거숭이 민둥산
아카시나무로 숲을 이뤘다

어머니는 아카시 필 무렵
하얀 송이 송이로 술을 빚었다
아버지의 허한 마음을
채워주던 아카시 꽃술
불그스름한 얼굴빛
막내의 이름까지 부르며

주머니 속 잔돈까지 내주시던
내 사랑하는 아버지
스쳐간 추억들
아카시 꽃 필 때면 묵은 내 마음
새파란 이야기들로 가득 찬다

제3부

삶의 페달을 밟다

삶의 페달을 밟는다

페달을 온 힘 다해 밟는다
생명줄 켜켜이 싣고
생존의 언덕을 넘는다

서두르지 않는다
다리가 휘청거리면
도로 모퉁이에
자전거를 세워 놓고
자판기 커피 한 잔 마신다

지난날의 상념들
시계태엽처럼 열어가는 시간
눈가에 이슬이 맺힌다

생은 작은 꽃씨 하나
눈 틔워 살아가는 일
잠시 숨을 깊게 쉬어본다

인생 여행길에서

공존의 삶

집 앞 느티나무 한 그루
오랜 세월 새들의 안식처
무성한 나뭇잎 사이사이
새들의 합창곡
아파트가 푸르다

사람과 사람의 단절
무더위에도 꼭꼭 닫힌 문
침묵의 세상
사람들은 서로를 닫고 산다

매일 안부를 물으며
정 나누던 이웃사촌
사라진지 오랜 인간의 정
공존의 삶을 살고 싶다

옥수수 익어갈 무렵

옥수수 밭 농부들의 땀방울
일 년의 노동 단을 묶는다

마당에 켜켜이 한 해의 수고
풍성한 결실
고단함을 씻어내는 단물

밭고랑 줄지어 서 있던 옥수수
생명을 가슴에 품고
어미처럼 어른다

화려하지 않지만 메마른 삶
생명의 끈이 된 옥수수
옥수수 익어갈 무렵

하늘은 더욱 푸르다

그때는 몰랐다

그때는 몰랐다
앉았다 일어설 때
아픔의 소리를

그때는 몰랐다
돌출된 발가락이
피멍이 들어 있었던 것을

그때는 왜 몰랐을까?
어머니의 관절이 울고 있다는 것을

모진 세월
소리 없이 견뎌내신 어머니
육신이 삭아지는 줄도 모르시고
한생을 인고의 날들로 사셨던
나의 어머니

당신의 얼굴엔 늘 웃음꽃
식솔들 얼굴에 그늘이 질세라
어머니의 인생은

고스란히 가족을 위한 삶이었다

철없는 막내딸
달빛에 스치는 어머니의 모습
먼발치에서 바라본다

“엄마 사랑해요”

밤은 위태로웠다
— 어린 아가의 발열

쏟아지는 빗줄기
사이사이로 우레소리
아득한 밤
시간이 멈춰버린 듯
밤은 더욱 깊었다

공포의 밤 지나
먼동이 터 오고
타는 가슴 재가 될 때쯤
서서히 열이 내리고
잠이 든 아가를 보며
하나님께 감사의 기도를
드리던 그때

어미의 밤은 오직 간구의 시간
가느다란 아가의 숨소리
어둠은 빛을 통과하고 있었다

노량진 공원에서

시샘하듯
꽃망울 터트렸다

아름다운 포말처럼
꽃망울 조롱조롱

봄부터 구슬땀 흘려
어르고 달랬을 거친 손
푸른 물에 담근다

누군가를 위한 어진 손
그 푸근함을 낮달이 비춘다

세상에 보이지 않던
따뜻함을 저 꽃에서 만난다

칸나

손바닥만 한
앞마당 곁에서
제 키를 세우고
밖이 궁금한 듯
발꿈치 들고
피워낸 키다리 칸나
몇 그루

그리움에 지친 듯
목을 길게 빼
담 넘어 이웃을
궁금해 한다

내리쬐는 햇살
너의 정열 불태워
붉게 핀 꽃
네 이름 칸나

꽃말처럼
행복한 종말을 위해

너의 정수리에 퍼붓는
정열의 정념
네 영혼의 거친 숨소리

생의 마지막 열정이
몰고 오는 생명의 신비

폭우 속에서

한밤 중 전화벨이 울린다
다급한 딸의 목소리
"엄마, 집 앞이 바다가 됐어
피난 가야 해"
허리까지 잠겨 헤엄치듯
빠져나온 상기된 모습
다리가 풀린다

쏟아지는 빗줄기
사방이 침수로 허우적거린다
세상의 모든 것 숨죽이고 있다

문명은 첨단 기술로
가속 페달을 밟지만
자연재해 앞에선 속수무책이다

자연은 생명의 어머니

선유도 공원

강물을 가슴에 품고
여인의 유방처럼
섬 하나 떠 있다

무지개다리로
세상과 소통하며
여유로움의 시간
햇살로 풀어낸다

작은 꽃들과 새소리
대나무 숲 그리고
고목이 된 느티나무 한 그루

옛 선인들의 숨결
전설의 이야기를
오늘도 신선의 옷자락이
보이려나 보다

오늘도 신선이 내려오려나

맨발로 걸어라

아직 어둠이 깨지 않았다

그 사이 햇덩이 기지개 켜며
새벽을 준비 중이다
습관처럼 오르는 용마산
새벽을 밟는 사람들

언제부턴가
발가락이 뒤틀려오는 저림과
허리 통증으로
서 있기조차 어려웠다

그때부터
맨발로 땅을 밟기 시작해
맨발의 청춘이 되었다

그 후
다리뿐 아니라
온 몸이 탄력을 받아
새로운 삶이 시작되었다

맨발로 흙을 밟는 것은
건강의 지름 길
아직도 코로나가
여전하다는 소문
맨발로 걸어라

토란이 알을 품을 때

가을 햇볕 내려앉은
윤기 나는 오래된 마루 위에
가을이 익어간다

여름 내내
어머니 땀방울 먹고 자란 토란대
한 아름 안고 와
밤새 껍질 벗기며
지나간 추억 얘기로 잠든 밤

땅속 깊이 매달고 나온 토란
가을이 풍성하다

추석 차례상에
빠지지 않고 올라온 토란국
올해도 조상들의 입맛을 돋우었을까

유년의 샘

귀에 젖은 대나무 울음소리
금방이라도 무너질 듯
낡은 초가집

마당에 무성한 풀들처럼
스스로 키를 세웠던 오 남매
이제 모두가 고향을 떠났다

흐린 기억
목 뺀 기린처럼
씨앗들 그리움으로
눈 시린 어머니
찬바람 낙엽에 묻히셨다

한 생을 살아온 지난날의 추억
그늘진 우물 속에 잠겨 있다

윤중로 벚꽃길

봄 한철 흩날리는 꽃비
윤중로 벚꽃 길
오랜 세월
뼈마디 마디를 키워
고목이 되어가는 벚나무들
그래도 여전히 꽃들은 한창이다

사정없이 쏟아내는 꽃잎 위의
바람의 분탕질
꽃잎들 아래로 쓸려
지상에 별이 된다

눈부신 꽃잎들의 낙화
황홀한 꽃들의 축제
발걸음 멈추게 하는
사오 일의 절정
윤중로는 꽃과 사람이
하나 되게 하는 길

새벽 송

성탄절 새벽
요양원 방마다
찬송소리 울려 퍼진다

눈 속을 헤치며
산타로 오신 천사들
건조한 삶의 마루턱
메마른 가슴 봄비에 젖듯
파릇한 어린아이가 된다

거친 삶
가슴에 호롱불 하나 켜
돌고 돌아온 인생 길
얼음처럼 굳어진 상념들
새벽 찬송 소리에 두 눈 적셔
삶의 계곡 속으로
은은히 젖어 내린다

슬픔은 기적을 만들고

깊은 수면 속
적막을 깨는 소리
불길한 예감

오빠의 낮은 목소리
"언니가 뇌졸중으로 쓰러졌다"

엊그제 캐나다로
딸아이 돌보러
다녀오셨는데
갑작스런 소식에
만감이 교차했다

삶의 언저리에서
가슴 저릴 때
손잡아 주던 언니

그녀는 강했다
긴 잠속에서도
다시 눈을 떴다

삶의 끈을 놓지 않은
기적 같은 언니
신의 은총이다

기적은 긴 기다림

밤마다 별을 센다

밤마다 별을 센다

이미 잠이란
적 앞에 무릎을
꿇은 지 오래
마른 장작개비가 된 몸
치료제는 없었다

며느리의 고통을 아신 시아버님
약초를 찾아
온 산을 헤매 가시에 찔리시며
정성스레 약을 달여 오셨다

아, 그 사랑 앞에서
오늘도 만날 수 없는 당신을
가슴으로 새기며
그리움에 젖는다

설악산에서

깊은 골마다
저녁 안개가 자욱하다
적막에 드는 밤
별이 하늘에 가득히
제자리 잡고 앉아 빛을 발한다

은은한 바람소리가
한결 마음까지 씻어준다

더 이상 도시에서
볼 수 없었던 풍경
생각만큼이나 고요가 깊다

내 속에 깊숙이
젖어오는 상념
설악산에서
내 안의 나를 만난다

갈증

여름 가뭄에
물 한 방울 고이지 않는
하늘바라기 논 밭둑
그곳을 떠났다

다시 풀피리 소리
듣고 싶어 찾은 고향 하늘
세월이 얼마나 지났을까
지천명의 나이에도
하늘빛은 여전하다

슬픔을 저으며
호미로 마른 흙 다듬던
갈증의 날들
이제 먼 이야기로 남아
내 안에 샘 하나 만든다

제4부

길 위에 서서

길 위에 서서

노부부의 리어카를
개조한 길가 붕어빵 가게

느린 손놀림이지만
따뜻한 온기
달그락 달그락
빵틀에서 찍어낸다

잠시 손을 뉘인
봉지 봉지에
김 오르는 붕어빵의 무게

누군가의 가정에
하루를 마무리하는 간식
충만한 기쁨으로 얹히겠지

장봉도

뚜뚜 뱃고동 소리가
멀리서부터
바다를 깨운다

몽롱한 안개 속에
보이는 장봉도

갈매기 떼 지어
가을걷이 뒤에서
일광욕을 즐긴다

수시로 배는
물살을 가르고
들고나는 이방인들
섬은 늘 몸살 중

아름다움이란
자연이 빚어내
인간에게 건넨 선물이다

새벽 기도

눈시울이 뜨겁다

침묵 속에 눈물
무릎을 적신다
삶의 짐 보따리
제단에 풀어 놓고
말씀을 듣는다

오랜 시간 불면증이란 늪
태양은 어둠을 가려 빛을 잃고
삶의 언저리에 서서
소리 없는 아우성

새벽 묵상 중 말씀 하나
씨앗이 되어
내 가슴에 심어졌다

보라
저 생명의 빛

어머니 천국 가신 날

눈발이 서러움처럼
가슴에 젖어든다
잠잠히 피어오르는 눈꽃
어머니 성품 같다

치매로 진종일
혼잣말이 되어버린
어머니의 말씀

긴 간병 끝
살붙이들 우선순위 놓친 죄책감
저린 아픔 서러움이 되었다

이젠 고통 없는 천국에서
영원한 삶 누리세요

어머니!

찔레꽃

찔레꽃 한 무리 피었다
초여름 가시덤불 속에서
순백의 얼굴로 고개든 찔레꽃

유난히 수줍음 많던 시절
그 순수 지운지 오래
마른 삶
수많은 가시에 찔려
손끝에 매달린 핏방울

긴 세월과 함께 살아온
찔레꽃 송이송이
한 몸 되어
내 안에 숨 쉰다

지난날의 추억

고향 계룡 마을
늙은 소나무 한 그루
묵중하게 서
마을을 내려다 본다

고즈넉한 밤이면
하늘의 별들과 가슴 열어
외로움을 푼다

지난날 코흘리개 아이들
떼 지어 서로의 어깨 오르내리며
숨바꼭질하던 유년의 그 시간
웃음소리 메아리로 남아
추억의 발아래 흐른다

이제는 익은 곡식 베어나간
들녘처럼 곳곳이 빈 집이다
아득한 고향 마을

지혜의 나무

나무는 나이테만큼
지혜가 자란다

묵중한 몸 추슬러
근육으로 엮은 뿌리
온갖 시련을 극복한다

낮이면 햇살에 몸을 씻고
밤이면 깊은 잠에서 꿈을 키운다

그리고 새들의 안식처
가슴을 내어주며 공생하는 삶

오늘 나는 저 나무에게서
지혜를 배운다

장가계 기행

누구의 솜씨일까

높이 솟구쳐 오른 기암절벽
하늘 문 낸 천문산
천 길 낭떠러지 위로
휘감은 유리잔도
심장이 아우성이다

흰 구름 공중바구니
산봉우리마다 밟고 절벽을 오른다

가는 곳마다 협곡과 협곡의 터널
때로는 다락 논 전시장
오랜 시간을 지고 온
신비로운 자연이 만든 조각상

수천 년 세월의 흔적 가슴에 품고
돌부처처럼 곳곳에 솟아오른 암석
하나의 전설을 안고 있다

봄맞이

봄바람이 따라와
봄을 마당에 풀어 놓았다

찬 계절의 끝에서
몸 푸는 나무들 사이사이
푸른 이마 세상이 낯설다

창밖 삼월의 눈이
고인 눈물처럼 내린다

봄은 생명을 키워내는
어머니처럼
늘 그렇게 신음 중이다

서울 식물원에서

봄이 한창 중
연초록 빛깔들
나들이객 옷자락 당기며
길을 연다

줄지어 서 있는 튤립
공손히 입술을 다문 채
엷게 스치는 바람에도
잎만 팔랑인다

또 한 곁에선
꽃잎 지우느라 분주하다

서울식물원에서
새로운 계절을
다시 만나는
계절의 순환을 본다

만두

만두소의 갖가지 맛
하나의 공동체를 이뤄
한 몸으로 화합을 이룬다

일곱 살짜리 손녀의 손끝에서
토끼, 강아지, 사자
동물들이 줄지어 서고
할머니 엄마는 노적 쌓아
보름달 조각을 하늘에 건다

모두의 입맛을 살리는
만두 만드는 저녁
각박한 세상 속
나날이 혼자의 삶
오늘은 평범하던 일상이
특별한 날이 되었다

이름은 택배로 배달된다

갈색 박스 안에
고향의 특산물과 싱그런 야채
향기까지 실려왔다

7남매 맏이로 궂은 일 도맡아
젖은 손 마를 날이 없던 큰 언니

몇 년 전 갑상선 암 진단을 받고
투병 중이다
자신의 몸 챙기기보다
형제들에 애틋한 마음 담아
상자 속 우애를 택배한다

요즘 인스턴트식품으로 맞춰진 입맛
신토불이로 정화된
언니의 사랑이 실린 택배 한 상자
이름 달고 오늘도 문 앞에 왔다

축제

오월의 빛 한 몸으로 받아
수천 송이 장미의 나라
장미터널 가시에 찔린 손
릴케의 장미가 생각났다

그 옆으로는
폐수가 흘렀던 그 자리
유채꽃 코스모스
한 폭의 수채화를 펼쳐 놓았다

투명한 물살
새들의 날갯짓
어미의 발자취를 밟는 생명들
생명 없던 중랑천

다시 태어나
오월의 윤슬로 반짝인다

눈물로 씻는다

첨탑 끝 똑똑똑 떨어지는 빗방울
전류처럼 돌아 혈맥을 타고
흐르는 눈물이 된다

녹록치 않는 삶
징검다리 삼아 걸어온 길
나만의 길인 줄 알았다

삶의 여정 속에서
가슴에 흉터 하나 없는 사람
누구인가

폭풍처럼 달려든
슬픈 인생의 거기
못처럼 깊게 박혀
지워지지 않는 흔적
눈물로 씻는다

소금산 빌리지

하늘에 걸린 출렁다리
밤하늘에 뜬 무지개다리
서서히 세상 속으로 내려
별 속에 내가 누웠다

적막을 깨고 부딪쳐 흐르는
별들의 노래
가슴 깊이 괸 삶의 무게
실타래처럼 풀어 놓는다

삶이란 막힘과 흐름의 조화
온 산을 밝힌 저 달과 별도
때로는 울고 웃겠지

소금산 빌리지에서

그만큼의 자연의 선물

계절의 허리에서
짙어가는 여름 끝자락
하나 둘 박힌 씨앗들 익혀
태양을 안은 채 영글어간다

인간 역시 자연의 일부
자연에 몸을 기댄 채 살아간다

삶의 긴 목숨들
들꽃처럼 지는 생
외롭고 쓸쓸하다

세상에는 영원함이 없는 것

당신의 등허리에는

촉촉이 이슬 내린 아침 텃밭
뻐꾸기 울음소리에
날마다 옥수수 키가 자랐다

수없이 오르내린 밭고랑
곡식들은 주인의 발걸음 소리로
몸이 자랐다

언니의 젊은 날의 추억 거울처럼 비친다
층층시하 모신 어린 나이의 시집살이

천수답 다랭이 논 가뭄 들면
온 가족이 허리 졸라매고
굶주림을 견뎌야 했다

긴 세월 닳고 닳아버린 뼈마디
이제 한 생의 허상으로 서 있는
당신의 등허리

봄은 마술이다

깊게 묻힌 생명들
땅속 깊이로부터
기지개 펴며 일어선다

요술방망이 구름을 쳐
봄비 내리고
생명의 문 열어
하늘에는 별이
하나둘 피어나
어둠을 밝힌다

오늘 따라
세상은 온통 빛의 바다
봄은 마술이다

해설

| 해설 |

자연에 대한 찬가, 생의 의지, 그리고 희망

— 정현숙 시집 《추억 하나 그리다》

허형만 (시인 · 목포대 명예교수)

눈시울이 뜨겁다

새벽 묵상 중 말씀 하나
씨앗이 되어
내 가슴에 심어졌다

보라
저 생명의 빛

— 〈새벽 기도〉

1.

정현숙 시인이 〈시인의 말〉에서 밝힌 "시인이 살았던 세상, 시인이 살고 있는 세상"은 모두 시인에게 시적인 감각과 자양분이다. 이 감각과 자양분은 시적 경험에서 얻어진 삶의 명상에서 얻어진다. 물론 시가 되는 방향에서 그렇다. 정현숙 시인은 이러한 시의 본질을 잘 이해하고 작품으로 창조하려는 노력을 이 시집에서 보여주고 있다. 그것은 "자연은 생명의 어머니"(〈폭우 속에서〉), "인간 역시 자연의 일부/ 자연에 몸을 기댄 채/ 살아간다"(〈그만큼의 자연의 선물〉)는 자연에 대한 경외심, 특히 봄으로부터 시작되는 생명성, 그리고 시인의 어머니에 대한 사모의 정과 삶 속에서 체득된 자신만의 생에 대한 의지와 희망으로 나타난다. 그래서 이 시집에는 사계절 중 유독 봄을 노래하는 시가 많다. 그 이유는 온 누리의 생명이 태어나고 약동하는 부활과 생장의 계절이 봄이기 때문일 터이다. 겨울이 아다지오라면 봄은 알레그로이다.

새벽하늘
창밖에 까치가
잠을 깨운다

마른 나무 속
혈맥을 타고 흐르는
봄기운

아! 봄이다

개나리, 진달래 산 꽃들은
고운 빛 단장하고
아직 바람은 차다

겨우 눈 뜬 여린 싹
살갗 에이는 아픔
가슴 시리다

세상의 봄 역시
몇 겹의 고비를
넘어야 순하게
오는 것일까

봄빛 따사한
오후의 정원에서
곰곰 생각해 본다

— 〈시린 삶〉 전문

"아! 봄이다". "마른 나무 속/ 혈맥을 타고 흐르는/ 봄기운"을 느끼고, "개나리, 진달래 산 꽃들은/ 고운 빛 단장"을 하는 봄이라고 하지만 그래도 "아직 바람은 차"고, "겨우 눈 뜬 여린 싹/ 살갗 에이는 아픔/ 가슴 시리다", "노란 산수유 몸살인 채/ 봄이"(〈채우기 위해 비우다〉) 온 것이다. 겨울에 죽은 듯했던 상태, "마른 나무 속/ 혈맥을 타고 흐르는" 기운, 생과 희열로 봄은 온다. 부활과 소생이다. 그리하여 〈미라보 다리〉로 잘 알려진 프랑스의 시인 기욤 아폴리네르가 노래하듯 "그대를 감싸러 오는 것이 봄이다". 그렇다고 정현숙 시인은 무작정 봄을 찬양하는데 머무르지 않는다. "봄빛 따사한/ 오후의 정원에서" 이 계절의 봄처럼 "세상의 봄 역시/ 몇 겹의 고비를/ 넘어야 순하게 오는 것일까" 곰곰이 생각해 본다. 시 제목처럼 삶이 시리기 때문이며, "봄은/ 생명을 키워 내는/ 어머니처럼/ 늘 그렇게 신음 중"(〈봄맞이〉)이기 때문이다. 이 얼마나 깊은 사유인가.

봄은 "겨우내 언 땅에 뿌리를 둔/ 고목 한 그루/ 혈맥을 잡고 온갖 힘 모아/ 꽃봉오리 물고 일어"서듯 "생명 있는 것들의/ 맥박이 빨라지는 계절"(〈봄〉), "깊게 묻힌 생명들/ 땅속 깊이로부터/ 기지개 펴며 일어"(〈봄은 마술이다〉)서는 계절이다. 또한 "사월의 아카시꽃/ 그 달콤함에 취한 듯/ 벌들의 춤사위/ 가지마다/ 거꾸로 매달린 꽃송어리/ 앳된 처녀처럼 청순"(〈아카시꽃〉)한 계절이다.

봄 한 철 흩날리는 꽃비
윤중로 벚꽃 길
오랜 세월
뼈마디 마디를 키워
고목이 되어가는 벚나무들
그래도 여전히

꽃들은 한창이다

사정없이 쏟아내는 꽃잎 위의
바람의 분탕질
꽃잎들 아래로 쓸려
지상에 별이 된다

눈부신 꽃잎들의 낙화
황홀한 꽃들의 축제
발걸음 멈추게 하는
사오일의 절정
윤중로는 꽃과 사람이
하나 되게 하는 길

— 〈윤중로 벚꽃길〉 전문

봄이 되면 "연초록 빛깔들/ 나들이객 옷자락 당기며/ 길을 연다"(〈서울 식물원에서〉). 정현숙 시인도 이 계절의 유혹(?)에 마냥 집에만 있을 수 없다. 서울 식물원도 다녀왔지만, 집에서 가까운 여의도 윤중로 벚꽃길도 빠질 수 없다. 매년 봄이면 벚꽃이 피는 3월 말부터 4월 초까지 영등포 여의도 봄꽃 축제가 열려 세계적 관광명소가 된 윤중로輪中路는 영등포구 여의서로 국회 뒤편 1.7km의 거리로 "꽃과 사람이 하나가/ 되게 하는 길"이다.

이 벚꽃 길 윤중로는 "혈맥을 타고 흐르는 소리/ 가지마다 꽃잎 물고/ 순하게 눈 뜨는"(〈사월의 나무들〉), "오랜 세월/ 뼈마디

마디를 키워/ 고목이 되어가는 벚나무"에 만개한 꽃도 아름답지만 "사정없이 쏟아내는 꽃잎 위의/ 바람의 분탕질"에 의해"지상에 별이" 되는 "흩날리는 꽃비"도 장관이다. 이처럼 "눈부신 꽃잎들의 낙화"는 "황홀한 꽃들의 축제"가 된다. 이때를 놓치지 않고 시인은 스승과 함께 "융단 위를 밟듯 꽃길을"(〈스승과 제자의 발자취〉) 걸으며 먼 훗날 스승과의 추억 하나 가슴에 심는다. 정 시인은 여의도 봄꽃 백일장에서 시 부문 대상을 받은 경력이 있다.

봄나들이가 물론 윤중로 벚꽃길만은 아니다. 영등포구 신길동에 있는 한강의 지류인 샛강의 생태공원에서의 감흥도 잊지 못한다. 〈여의도 샛강〉에서 "작은 섬을 감고 숲을 이루었다". "맑은 물로 흐르는/ 냇가의 물소리// 여의도 샛강 숲을 키우며/ 서로의 어깨를 기댄다// 가녀린 꽃들도/ 한 생의 정점을/ 위해 꿈을 꾸고 있다"고 샛강 생태공원을 노래한다. 또한 샛강 근처의 봄꽃들과 물속 물고기들의 파닥임을 보고 "봄의 뼈 마디마디가/ 실해지고 있다"(〈봄 거기〉)며, 봄의 향연도 놓치지 않는다.

오월의 빛 한 몸으로 받아
수천 송이 장미의 나라
장미 터널 가시에 찔린 손
릴케의 장미가 생각났다

그 옆으로는
폐수가 흘렀던 그 자리

유채꽃 코스모스
한 폭의 수채화를 펼쳐 놓았다

투명한 물살
새들의 날갯짓
어미의 발자취를 밟는 생명들
생명 없던 중랑천

다시 태어나
오월의 윤슬로 반짝인다

— 〈축제〉 전문

오월을 흔히 계절의 여왕이라고 부르는 것은 그만큼 봄이 한창 무르익는 시기이기 때문이다. 이때의 햇빛은 "수천 송이 장미"를 꽃 피우기에 알맞은 빛이 된다. 온통 "장미의 나라"가 된다. 그래서 장미는 오월을 대표하는 꽃이다. '장미', 하면 "가시에 찔린 손/ 릴케의 장미가 생각"난다. 릴케는 어느 날 찾아온 이집트 여자 친구에게 주려고 장미를 꺾다가 가시에 찔렸다 한다. 이 상처로 인해 알프스 산장에서 마지막 죽음을 앞두고 있을 때 찾아온 발레리에게 유언처럼 말한 "난 장미 때문에 죽지만 그래도 장미를 사랑한다"는 말은 유명한 일화이다. "이 열려진 장미들의/ 이 근심 없는 장미들의/ 내부 호수에/ 비치는 것은 어느 하늘인가"라고 노래한 릴케는 장미를 가장 사랑한 시인이었다.

물론 오월은 장미뿐만이 아니다. 장미와 함께 "유채꽃 코스모스"도 "한 폭의 수채화를 펼쳐 놓았"고, "서로의 이마를 맞대고 자란/ 제비꽃, 바이올렛 뿔 팬지, 모란/ 저마다의 존재감을 나타내고"(〈오월의 정원에서〉), "생명 없던 중랑천"도 "다시 태어나" "투명한 물살/ 새들의 날갯짓/ 어미의 발자취를 밟는 생명들"을 품으며 흐른다. 모든 것이 다 새롭고 환희다. 그러니 중랑천도 "오월의 윤슬로 반짝"이며 축제를 벌인다.

2.

누군들 그렇지 않을까마는, 정현숙 시인도 어머니에 대한 사랑과 그리움이 각별하다. 융Jung. C. G에 의하면 어머니는 이른바 아니마anima의 이미지를 최초로 보유한다. 어머니는 또한 존재의 황홀한 차원, 생명수의 근원을 상징한다. 헤세는 "나를 가장 잘 이해 해주시는 이는/ 언제나 어머님 당신"이었다고 노래하였거니와, 정현숙 시인도 어머니에 대한 사모곡思母曲이 절절하고 눈물겹다.

그때는 몰랐다
앉았다 일어설 때
아픔의 소리를
그때는 몰랐다

돌출된 발가락이
피멍이 들어 있었던 것을

그때는 왜 몰랐을까?
어머니의 관절이 울고 있다는 것을

모진 세월
소리 없이 견뎌내신 어머니
육신이 삭아지는 줄도 모르시고
한 생을 인고의 날들로 사셨던
나의 어머니

당신의 얼굴엔 늘 웃음꽃
식솔들 얼굴에
그늘이 질세라
어머니의 인생은
고스란히 가족을 위한 삶이었다

철없는 막내딸
달빛에 스치는 어머니의 모습
먼발치에서 바라본다

"엄마 사랑해요"

— 〈그때는 몰랐다〉 전문

어머니는 평소 무릎 관절이 좋지 않아 앉았다 일어설 때마다 아픔의 소리가 들릴 만큼 "관절이 울고" 있었고, "돌출된 발가락이/ 피멍이 들어 있었"는데도 시인은 "그때는 몰랐다"고, 한탄한다. 한 생을 살면서 "모진 세월/ 소리 없이 견뎌"내신 어머니는 "육신이 작아지는 줄도 모르시고/ 한평생 인고의 날들로" 사셨다. 오죽하면 집안 한 귀퉁이에 놓여 있는 낡은 걸상이 삐그덕거리니 "어머니의 관절이/ 삐그덕 소리를 내며/ 걸터앉는"(〈어머니. 2〉) 것 같은 상상을 할까.

아버지가 "늘그막의 어깨를/ 짓누르던 가장의 무게/ 더 짊어져야 할/ 목숨의 중량// 피붙이들의 입성 먹성을/ 십자가처럼 짊어지셨던"(〈아버지의 무게〉) 것처럼 어머니의 일생 또한 모진 세월을 소리 없이 견뎌내시며 "육신이 삭아지는 줄도 모르시고/ 한평생 인고의 날들로" "고스란히 가족을 위한 삶이었다". 이러한 어머니의 삶은 "매일 말씀이 호흡이듯/ 새벽마다 눈 떠/ 살아있는 기쁨/ 성경과 함께 한/ 긴 세월의 흔적"(〈어머니. 1〉)에서도 알 수 있다.

백수를 앞두고
베 한 필의 옷
한 줌의 백골로
떠난 어머니
같은 키의
사람들이 모여 사는
작은 마을
방 한 칸 얻어
이사 가셨다

유리문 대문 앞
화려한 꽃바구니
살아생전 이름
그대로 걸어놓고
피붙이들 기다리는
목이 긴 어머니

밖은 막바지 가을바람에
살을 에는 듯 날카롭다
산 자만이 느낄 수 있는
계절의 절대 감각

이제 떠난 이와 만나는
추억 속 해후
눈빛조차 자꾸 희미해지는
먼 먼 그리움

— 〈삶의 종착역〉 전문

어머니가 소천하셨다. “백수를 앞두고/ 배 한 필의 옷/ 한 줌의 백골로” 어머니는 “끝내/ 오 남매의 손을”(〈빈 둥지〉) 놓고 이승을 떠나 “눈발이 서러움처럼/ 가슴에 젖어”(〈어머니 천국 가신 날〉)든 날 “같은 키의/ 사람들이 모여 사는” “작은 마을/ 방 한 칸 얻어” 이사 가신 것이다. 사람이 죽으면 저승으로 떠나면서 춥지 말라고 염할 때 “배 한 필의 옷”만 걸친다. 그리고 화장장에 들어가면 그 옷은 물론 육신의 살도 모두 불타 없어지고 오직 "한 줌의 백골"만 남아 마침내 "작은 마을"을 이루고 있는 납골당 "방 한 칸 얻어" 안주하게 된다. 이제 죽은 자는 납골당 "유리 대문"에 "살아 생전 이름/ 그대로 걸어놓고/ 생전의 피붙이들 기다리"고, 산 자는 납골당 밖 "살을 에는 듯 날카"로운 "막바지 가을바람"에 떤다. 이제 죽은 자와 "추억 속 해후"와 "먼 먼 그리움"은 산 자의 몫이다.

정현숙 시인은 이렇게 어머니를 떠나보내고 산 자의 몫인 "추억 속 해후"와 "먼 먼 그리움"에 젖는다. 어머니의 하얀 고무신이 그 대표적이다. 시인이 어린 시절 어머니는 하얀 피부에 붉은 볼이 진달래꽃처럼 고우셨다. 어머니가 계시지 않는 지금 "툇마루/ 하얀 고무신/ 달빛 받으며/ 거기 말없이/ 가지런히 놓여"(〈어머니. 3〉) 있는 것이 마치 어머니가 하얀 고무신을 벗고 방금 방으로 들어가신 것 같은 그리움에 젖는다. 물론 돌아가시기 전 "새장 속에 갇힌/ 한 마리 새/ 진종일 누워/ 꿈속을 헤매"(〈요양원의 하루〉)시던 모습도 잊지 못할 그리움의 하나다.

3.

정현숙 시인은 자기의 삶을 살펴보고 삶의 여정 속 흉터까지도 보듬고 살고자 한다. 남에게 한 말 한마디도 행여 상처를 주지 않았는지 삶에 대해 통찰한다. 정현숙 시인의 시를 읽으면서 그리스 철학의 권위자 장영란 교수가 그리스 철학에서 강조한 "개인들은 자기 자신이 누구인지 알아야 할 의무가 있다. 이에 자기 내면에서 일어나는 일을 알려고 노력해야 하고, 자신의 과실을 인정하며 욕망을 확인할 의무가 있다."고 한 말을 떠올린다. 이 말은 곧 자기 인식은 영혼 정화의 필요조건으로 나타남을 의미한다. 여기서 자기 인식은 현대 프랑스 비평의 최고인 마르셀 레몽에 의하면 시적 인식이며 시적 인식은 오직 시적 경험에 의해서, 시적 경험 속에만 얻어진다. 이런 점에서 정현숙 시인의 작품은 전혀 난해하지 않으면서 자기만의 시적 인식에 의해 자신을 성찰하는 특징이 있다.

첨탑 끝 똑똑똑 떨어지는 빗방울
전류처럼 돌아 혈맥을 타고
흐르는 눈물이 된다

녹록치 않는 삶
징검다리 삼아 걸어온 길
나만의 길인 줄 알았다
삶의 여정 속에서
가슴에 흉터 하나 없는 사람
누구인가

폭풍처럼 달려든

슬픈 인생의 거기
못처럼 깊게 박혀
지워지지 않는 흔적
눈물로 씻는다

— 〈눈물로 씻는다〉 전문

시인은 묻는다. “삶의 여정 속에서/ 가슴에 흉터 하나 없는 사람/ 누구인가” 하고. 삶의 여정은 곧 존재의 여정이다. 에리히 프롬에 의하면 존재가 관계하는 것은 ‘경험’이며 서로 살아가는 관계를 맺는 과정에서 타인과 나는 양자를 갈라놓은 장벽을 극복할 수 있다. 하지만, 서로의 완전한 동일화는 결코 달성될 수 없다. 그러기에 시인은 “녹록치 않는 삶/ 징검다리 삼아/ 걸어온 길/ 나만의 길인 줄 알았”노라고 고백한다. 그렇게 오직 “나만의 길인 줄” 알고 살아오다 보니 가슴에 흉터가 생기고, 이 흉터는 “못처럼 깊게 박혀/ 지워지지 않는 흔적”으로 남아있다. 이 흔적을 “눈물로 씻는다”는 처절한 고백 앞에 숙연해지지 않는 독자는 없으리라.

위의 작품이 남에 의해 본인이 받은 상처의 흔적, 그 흔적이 얼룩진 흉터라고 한다면, 반대로 서로 살아가는 관계 속에서 내가 남에게 상처를 입히진 않았는지 성찰하는 방법이 새로운 면에서 이루어지는 경우가 있다. 이는 어느 날 밤새 내리는 빗물이 확독에 가득 차자 확독이 넘치는 물을 흘려 내보내는 걸 본 시인은 세상에 버려지는 말, 말들이 모두 어디로 갈까 명상에 잠긴다. 그리고 "내가 버린 말들/ 넘쳐나는데/ 서로에게 상처의/ 웅덩이를 만들진/ 않을까"(〈확독에 담겨진 물처럼〉) 자신을 성찰한다. 또한 겨울나기가 한창인 청설모와 다람쥐가 부지런히 곳간 채우는 행위를 목격한 시인은 "앞으로 이겨 나가야 할 목숨들/ 오늘 난 무엇으로/ 곳간 하나 채워야 할까"(〈삶의 지평〉) 고민하기도 한다.

눈시울이 뜨겁다

침묵 속에 눈물
무릎을 적신다
삶의 짐 보따리
제단에 풀어 놓고
말씀을 듣는다

오랜 시간 불면증이란 늪
태양은 어둠을 가려 빛을 잃고
삶의 언저리에 서서
소리 없는 아우성

새벽 묵상 중 말씀 하나
씨앗이 되어
내 가슴에 심어졌다

보라

저 생명의 빛

— 〈새벽 기도〉 전문

정현숙 시인은 기독교 신자다. 물론 어머니도 "매일 말씀이 호흡이듯/ 새벽마다 눈 떠/ 살아있는 기쁨/ 성경과 함께 한/ 긴 세월"(〈어머니의 성경〉) 지내시다가 소천하셨다. 소천하신 뒤 어머니의 유품으로 남겨진 수십 년 손때 묻은 성경책은 시인을 지키는 영혼의 단단한 버팀목이다. 시인은 "새벽 다섯 시/ 어둠을 밝히는/ 아침의 경계선/ 경건의 시간을 밟는다// 조용히 현관을 나서며/ 이미 가슴 속 적시는/ 은혜의 충만을"(〈어둠 그리고 빛〉) 맛보며 교회에 나가 새벽 기도를 드린다. 그때마다 "침묵 속에 눈물/ 무릎을 적신다/ 삶의 짐 보따리/ 제단에 풀어 놓고/ 말씀을 듣는다". 이렇게 새벽 묵상에 젖노라면 "말씀 하나/ 씨앗이 되어" 가슴에 심어진다. 나아가 "자욱했던 시름/ 광풍으로 몰아치던 슬픔/ 주님의 가슴 사이에/ 흐르는 저 은밀한/ 목소리 영혼을 밝힌다/ 어둠과 빛 사이에서"(〈어둠 그리고 빛〉).

미셸 푸코는 기독교가 구원의 종교일 뿐만 아니라 고백의 종교라며 진리의 의무를 요구한다고 말한다. 〈새벽 기도〉에서 "보라/ 저 생명의 빛"이나 〈어둠 그리고 빛〉에서 "은밀한 목소리 영혼을 밝히"는 것, 그리고 〈추억 하나 그리다〉」에서 "신께서 주신/ 이생의 무지갯빛 환희"는 모두 기독교가 말하는 진리에 해당한다. 이와 같은 고백과 진리의 선포 의무는 마침내 삶 속에서 희망을 갖게 한다.

어둠이 올 때까지
수평선 지는 해 놓고 싶지 않아
오랜 시간 바닷가를 서성였다

숨 가쁘게 철썩이는
파도 소리는 멈추지 않았다

생의 지나는 시간이 쉬지 않듯
인생은 그렇게 저물어 간다

돌아오는 길에
아직 남아있는 '희망'이란 말
주머니에서 만지작거려본다

— 〈어둠이 올 때까지〉 전문

정현숙 시인은 봄으로부터 시작되는 우주의 생명성과 어머니에 대한 사모의 정, 그리고 삶의 사유와 명상을 통한 자아 성찰 및 신앙심으로 우리를 감동케 한다. 이러한 감동은 자연과 인생에 대한 새로운 경이감과 존재에 대한 치열한 시적 인식이기도 하면서 동시에 시인 스스로가 희망적인 삶을 추구하고 있기 때문이다. 차동엽 신부는 지상에서 가장 호소력 있는 희망 경구로 라틴어 격언인 "나도 희망한다. 너도 희망하라Spero spera"를 꼽는다. 이 말의 속뜻엔 삶에서 거부할 수 없는 울림이 있음에서다.

시인은 어둠이 올 때까지 수평선 지는 해를 놓고 싶지 않아서 오랜 시간 바닷가를 거닐면서 "생의 지나는 시간이 쉬지 않듯/ 인생은 그렇게 저물어" 가는 것을 깨닫는다. 그리고 바닷가에서 "돌아오는 길에/ 아직 남아있는 '희망'이란 말"을 주머니에서 만지작거린다. 여기서 주머니는 곧 마음, 정신을 상징한다. 시인은 어둠이 올 때까지 바닷가를 거닐며 슬픔에 젖거나 절망 속에서 힘들어하지 않고 바닷가를 떠나오며 오히려 삶의 희망을 본다.

칸나꽃에서 "생의 마지막 열정이/ 몰고 오는 생명의 신비"(〈칸나〉)를 보듯, 보는 눈이 없으면 눈앞에 희망이 있어도 보지 못한다. 희망은 슬픔과 절망을 이기는 신비한 힘이다. 이 힘으로 시인은 "사람과 사람의 단절/ 무더위에도 꼭꼭 닫힌 문/ 침묵의 세상// 매일 안부를 물으며/ 정 나누던 이웃사촌/ 사라진 지 오랜"(〈공존의 삶〉) 이 시대에 서로 공존의 삶을 살기를 희망하고, "확독에 담겨진/ 요긴한 물처럼/ 충만 된 언어의/ 항아리 닮"(〈확독에 담겨진 물처럼〉)기를 희망한다. 따라서 정현숙 시인의 시는 희망의 시다.

추억 하나 그리다

계간문예시인선 206

정현숙 시집 _ 추억 하나 그리다

초판 인쇄 2024년 6월 25일
초판 발행 2024년 6월 30일

지 은 이 정현숙
회 장 서정환
발 행 인 정종명
편집주간 차윤옥

펴 낸 곳 도서출판 계간문예
주 소 03132 서울 종로구 삼일대로 30길 21 종로오피스텔 1209호
전 화 (02) 3675-5633 팩스 (02) 766-4052
이 메 일 munin5633@naver.com
홈페이지 http://cafe.daum.net/quarterly2015
등 록 2005년 3월 9일 제300-2005-34호
연 락 처 03132 서울 종로구 삼일대로 32길 36 운현신화타워 305호
인 쇄 54991 전북 전주시 완산구 공북1길 16, 신아출판사
ISBN 978-89-6554-301-5 04810
ISBN 978-89-6554-118-9 (세트)

값 12,000원
